école - школа	2
voyage - подорож	5
transport - транспорт	8
ville - місто	10
paysage - ландшафт	14
restaurant - ресторан	17
supermarché - супермаркет	20
boissons - напої	22
aliments - їжа	23
ferme - ферма	27
maison - дім	31
salle de séjour - вітальня	33
cuisine - кухня	35
salle de bains - ванна кімната	38
chambre d'enfant - дитяча кімната	42
vêtements - одяг	44
bureau - офіс	49
économie - економіка	51
professions - професії	53
outils - інструменти	56
instruments de musique - музичні інструменти	57
zoo - зоопарк	59
sports - спорт	62
activités - дії	63
famille - сім'я	67
corps - тіло	68
hôpital - лікарня	72
urgence - аварійний випадок	76
Terre - Земля	77
heure - годинник	79
semaine - тиждень	80
année - рік	81
formes - форми	83
couleurs - фарби	84
opposés - протилежності	85
nombres - числа	88
langues - мови	90
qui / quoi / comment - хто / що / як	91
où - де	92

Impressum
Verlag: BABADADA GmbH, Nedderfeld 112 , 22529 Hamburg
Geschäftsführer / Verlagsleitung: Harald Hof
Druck: Books on Demand GmbH, In de Tarpen 42, 22848 Norderstedt

Imprint
Publisher: BABADADA GmbH, Nedderfeld 112 , 22529 Hamburg, Germany
Managing Director / Publishing direction: Harald Hof
Print: Books on Demand GmbH, In de Tarpen 42, 22848 Norderstedt

école
школа

diviser
ділити

186/2

tableau
дошка

salle de classe
класна кімната

cour d'école
шкільний двір

enseignant
вчитель

papier
папір

écrire
писати

stylo
ручка

bureau de travail
письмовий стіл

règle
лінійка

livre
книга

écolier
учень

sac d'écolier
ранець

trousse
пенал

crayon
олівець

taille-crayon
точило

gomme à effacer
гумка

bloc de papier à dessin
альбом для малювання

école - школа

dessin
малюнок

pinceau
пензель

boîte de peintures
коробка фарб

ciseaux
ножиці

colle
клей

cahier d'exercices
зошит

devoirs
домашнє завдання

chiffre
число

additionner
додавати

soustraire
віднімати

multiplier
множити

calculer
рахувати

lettre
літера

alphabet
абетка

mot
слово

école - школа

texte	lire	craie
текст	читати	крейда

leçon	le cahier de notes	examen
година	класний журнал	екзамен

certificat	uniforme scolaire	éducation
диплом	шкільна форма	освіта

encyclopédie	université	microscope
лексикон	університет	мікроскоп

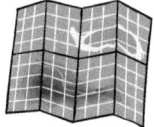

carte	corbeille à papier
карта	кошик для паперу

école - школа

voyage
подорож

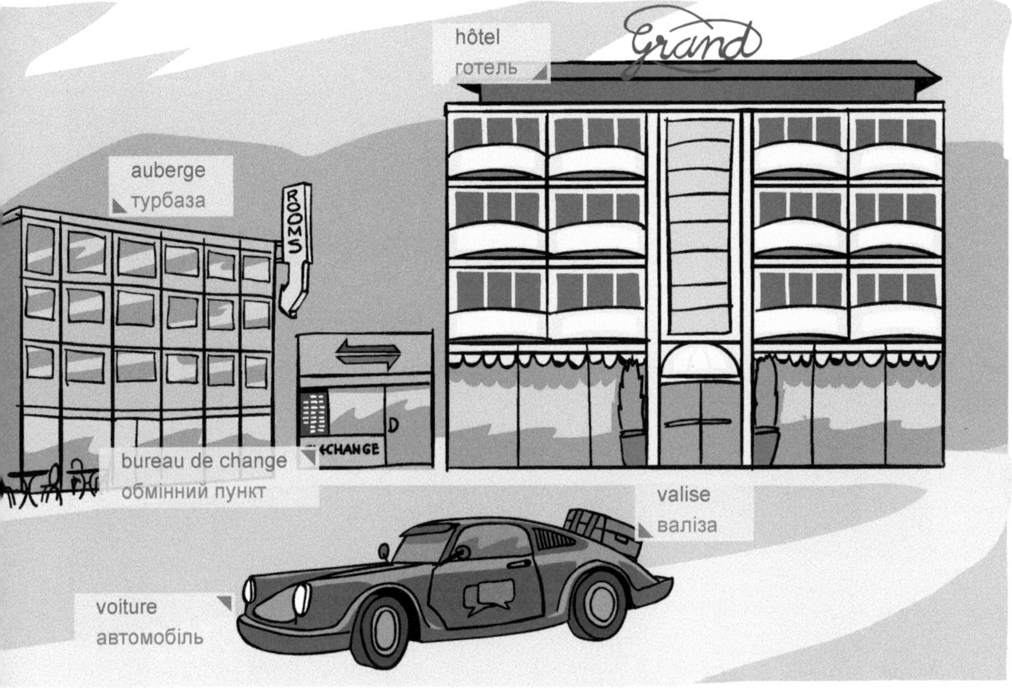

hôtel
готель
Grand
auberge
турбаза
ROOMS
bureau de change
обмінний пункт
valise
валіза
voiture
автомобіль

langue

мова

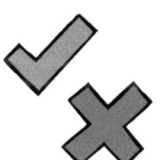

oui / non

так / ні

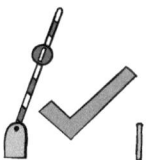

Okay

добре

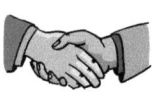

Allo!

привіт

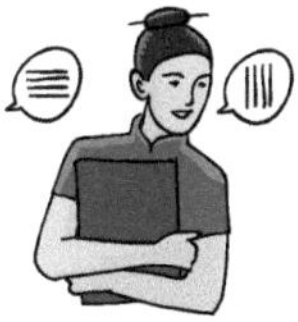

traducteur

перекладач

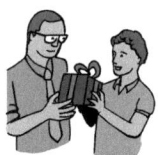

Merci

дякую

Combien coûte...?	Je ne comprends pas	problème
Скільки коштує ...?	Я не розумію	проблема

Bonsoir !	Bonjour !	Bonne nuit !
Добрий вечір!	Доброго ранку!	На добраніч!

bye bye	direction	bagages
До побачення	напрямок	багаж

sac	sac à dos	invité
сумка	рюкзак	гість

pièce	sac de couchage	tente
кімната	спальний мішок	намет

bureau d'information
touristique
....
туристична інформація

plage
....
пляж

carte de crédit
....
кредитна картка

déjeuner
....
сніданок

dîner
....
обід

souper
....
вечеря

billet
....
квиток

ascenceur
....
ліфт

timbre
....
поштова марка

frontière
....
межа

douane
....
митниця

ambassade
....
посольство

visa
....
віза

passeport
....
паспорт

voyage - подорож

transport
транспорт

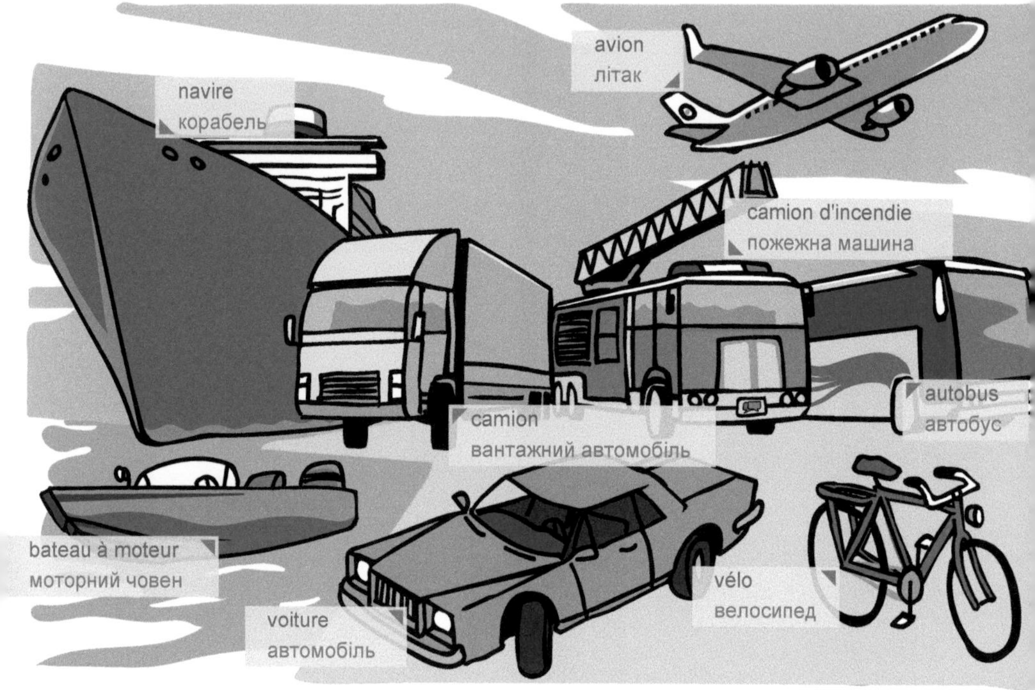

avion
літак

navire
корабель

camion d'incendie
пожежна машина

autobus
автобус

camion
вантажний автомобіль

bateau à moteur
моторний човен

voiture
автомобіль

vélo
велосипед

traversier
пором

bateau
човен

motocyclette
мотоцикл

voiture de police
поліцейська машина

voiture de course
гоночний автомобіль

voiture de location
автомобіль на прокат

autopartage
льне користування авто

dépanneuse
евакуатор

camion à ordures
сміттєвоз

moteur
двигун

carburant
паливо

station-service
автозаправна станція

anneau de signalisation
дорожній знак

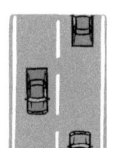

circulation
рух

embouteillage
затор

parc de stationnement
стоянка

gare
вокзал

voies ferrées
рейки

train
потяг

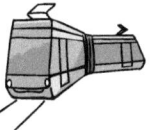

tramway
трамвай

wagon
вагон

transport - транспорт

hélicoptère	aéroport	tour
гелікоптер	аеропорт	вежа

passager	conteneur	boîte en carton
пасажир	контейнер	коробка

  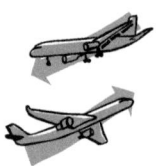

chariot	panier	décoller / atterrir
візок	кошик	стартувати / приземлятися

ville
місто

village	centre-ville	maison
село	центр міста	дім

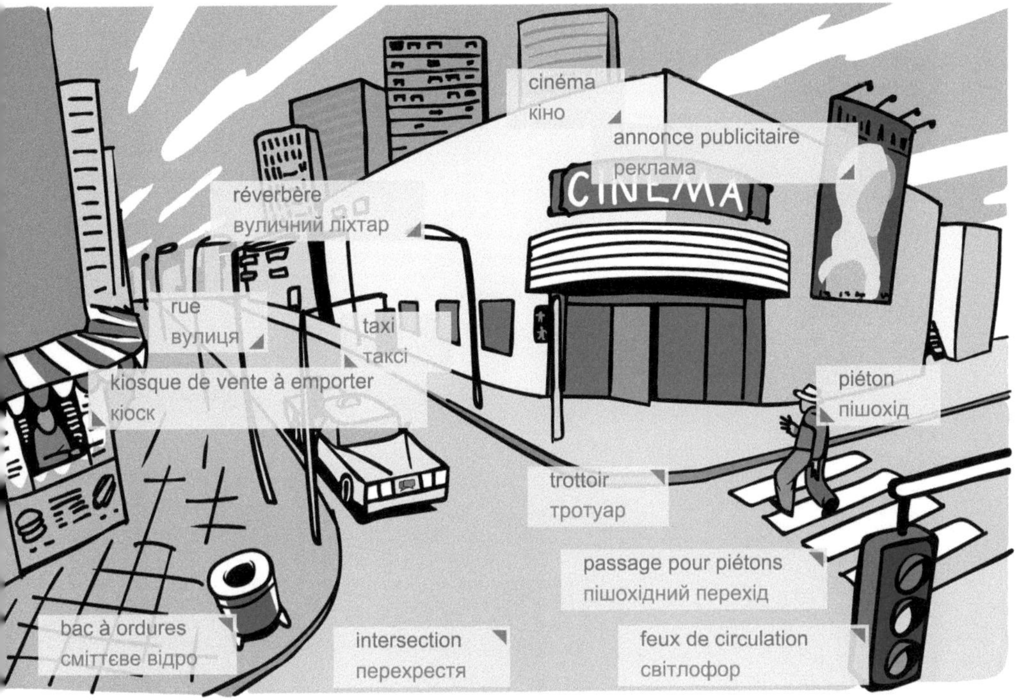

cinéma
кіно

annonce publicitaire
реклама

réverbère
вуличний ліхтар

rue
вулиця

taxi
таксі

kiosque de vente à emporter
кіоск

piéton
пішохід

trottoir
тротуар

passage pour piétons
пішохідний перехід

bac à ordures
сміттєве відро

intersection
перехрестя

feux de circulation
світлофор

cabane

хатина

appartement

квартира

gare

вокзал

hôtel de ville

ратуша

musée

музей

école

школа

ville - місто

université
університет

banque
банк

hôpital
лікарня

hôtel
готель

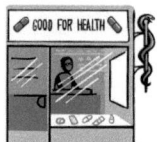
pharmacie
аптека

bureau
офіс

librairie
книжковий магазин

magasin
магазин

fleuriste
квітковий магазин

supermarché
супермаркет

marché
ринок

grand magasin
універмаг

poissonnerie
торговець рибою

centre commercial
торговельний центр

port
гавань

parc
парк

banc
лава

pont
міст

escaliers
сходи

métro
метро

tunnel
тунель

arrêt d'autobus
автобусна зупинка

bar
бар

restaurant
ресторан

boîte à lettres
поштова скринька

plaque de rue
вулична табличка

parcomètre
лічильник паркування

zoo
зоопарк

bains publics
басейн

mosquée
мечеть

ville - місто

ferme
ферма

pollution
забруднення навколишнього середовища

cimetière
кладовище

église
церква

aire de jeux
дитячий майданчик

temple
храм

paysage
ландшафт

feuille — листок
panneau indicateur — вказівний стовп
chemin — шлях
pré — луг
randonneur — мандрівник
pierre — камінь
arbre — дерево
rivière — річка
herbe — трава
fleur — квітка

vallée	colline	lac
долина	гора	озеро
	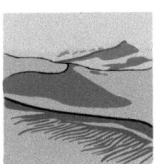	
forêt	désert	volcan
ліс	пустеля	вулкан

château	arc-en-ciel	champignon
замок	веселка	гриб

palmier	moustique	mouche
пальма	комар	муха

fourmi	abeille	araignée
мурашка	бджола	павук

paysage - ландшафт

scarabée
жук

grenouille
жаба

écureuil
вивірка

hérisson
їжак

lièvre
заєць

chouette
сова

oiseau
птах

cygne
лебідь

sanglier
кабан

cerf
олень

orignal
лось

barrage
гребля

éolienne
вітряк

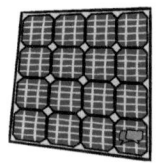

panneau solaire
сонячний модуль

climat
клімат

restaurant
ресторан

hors-d'œuvre
закуска

plat principal
друга страва

dessert
десерт

boissons
напої

aliments
їжа

bouteille
пляшка

restaurant - ресторан

restauration rapide

фаст-фуд

cuisine de rue

вулична їжа

théière

чайник

sucrier

цукорниця

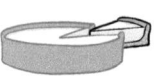

part

порція

machine à expresso

еспресо-машина

chaise haute d'enfant

високий стільчик

facture

рахунок

plateau

піднос

couteau

ніж

fourchette

вилка

cuillère

ложка

cuillère à thé

чайна ложка

serviette

серветка

verre

склянка

restaurant - ресторан

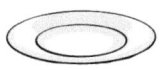

assiette
тарілка

assiette creuse
тарілка для супу

soucoupe
блюдце

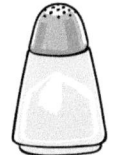

sauce
соус

salière
солонка

moulin à poivre
млин для перцю

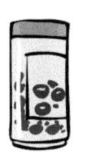

vinaigre
оцет

huile
масло

épices
спеції

ketchup
кетчуп

moutarde
гірчиця

mayonnaise
майонез

supermarché
супермаркет

offre spéciale
пропозиція

client
клієнт

produits laitiers
молочні продукти

fruit
фрукти

chariot
візок для покупок

boucherie
м'ясний магазин

boulangerie
пекарня

peser
зважувати

légumes
овочі

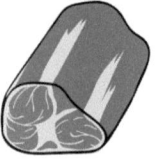

viande
м'ясо

aliments congelés
заморожені продукти

supermarché - супермаркет

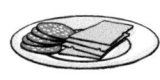

viandes froides

ковбасна нарізка

conserves

консерви

détergent à lessive en poudre

пральний порошок

sucreries

солодощі

produits d'entretien ménager

предмети домашнього побуту

produits d'entretien

мийний засіб

vendeuse

продавщиця

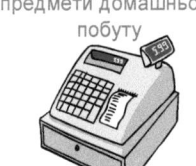

caisse

каса

caissier

касир

liste de provisions

список покупок

heures d'ouverture

часи роботи

portefeuille

гаманець

carte de crédit

кредитна картка

sac

сумка

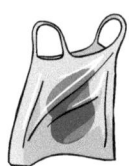

sac plastique

поліетиленовий пакет

supermarché - супермаркет

boissons
напої

eau
вода

jus
сік

lait
молоко

cola
кола

vin
вино

bière
пиво

alcool
алкоголь

cacao
какао

thé
чай

café
кава

expresso
еспресо

cappuccino
капучіно

aliments
їжа

banane
банан

pomme
яблуко

orange
апельсин

melon d'eau
кавун

citron
лимон

carotte
морква

ail
часник

bambou
бамбук

oignon
цибуля

champignon
гриб

noix
горішки

nouilles
локшина

spaghettis	riz	salade
спагеті	рис	салат

frites	pommes de terre sautées	pizza
картопля фрі	смажена картопля	піца

hamburger	sandwich	escalope
гамбургер	бутерброд	шніцель

jambon	salami	saucisse
шинка	салямі	ковбаса

poulet	rôti	poisson
курка	печеня	риба

aliments - їжа

gruau d'avoine
вівсяні пластівці

muesli
мюслі

flocons de maïs
кукурудзяні пластівці

farine
борошно

croissant
круасан

petit pain
булочка

pain
хліб

rôtie
тостовий хліб

biscuits
печиво

beurre
масло

caillé
сир

gâteau
пиріг

œuf
яйце

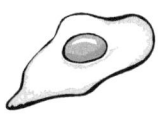

œuf miroir
яєчня

fromage
сир

aliments - їжа

crème glacée	sucre	miel
морозиво	цукор	мед

confiture	crème de nougat	cari
мармелад	нуга-крем	карі

ferme
ферма

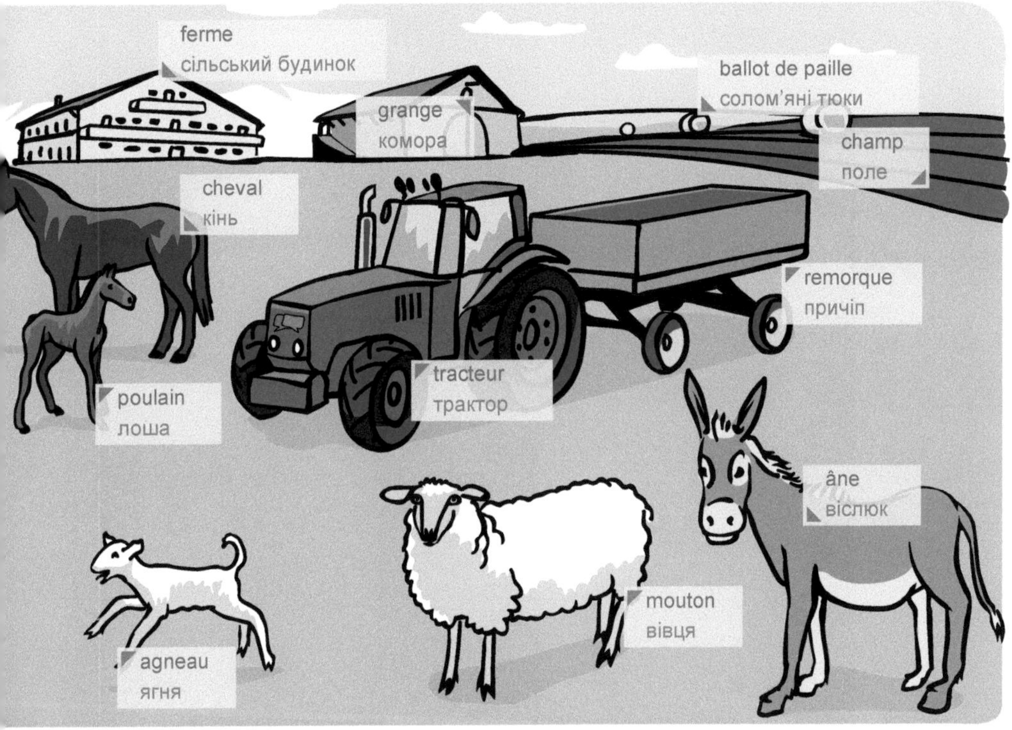

ferme — сільський будинок
grange — комора
ballot de paille — солом'яні тюки
champ — поле
cheval — кінь
remorque — причіп
poulain — лоша
tracteur — трактор
âne — віслюк
agneau — ягня
mouton — вівця

chèvre
коза

vache
корова

veau
теля

porc
свиня

porcelet
порося

taureau
бик

ferme - ферма

oie
гусак

canard
качка

poussin
курча

poule
курка

coq
півень

rat
щур

chat
кіт

souris
миша

bœuf
віл

chien
собака

niche
собача будка

tuyau d'arrosage
садовий шланг

arrosoir
лійка

FALSE
коса

charrue
плуг

ferme - ферма

faucille
серп

binette
мотика

fourche à foin
вила

hache
сокира

brouette
тачка

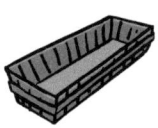
auge
корито

pot à lait
бідон молока

grand sac
мішок

clôture
паркан

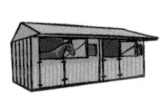
écurie
хлів

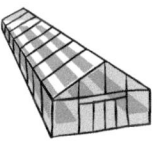
serre
теплиця

sol
ґрунт

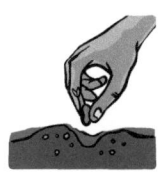
graines
насіння

engrais
добриво

moissonneuse-batteuse
комбайн

ferme - ферма

récolter
пожинати

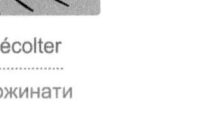

récolte
урожай

igname
корінь ямсу

blé
пшениця

soja
соя

pomme de terre
картопля

maïs
кукурудза

graine de colza
ріпак

arbre fruitier
плодове дерево

manioc
маніок

grains
злаки

maison
дім

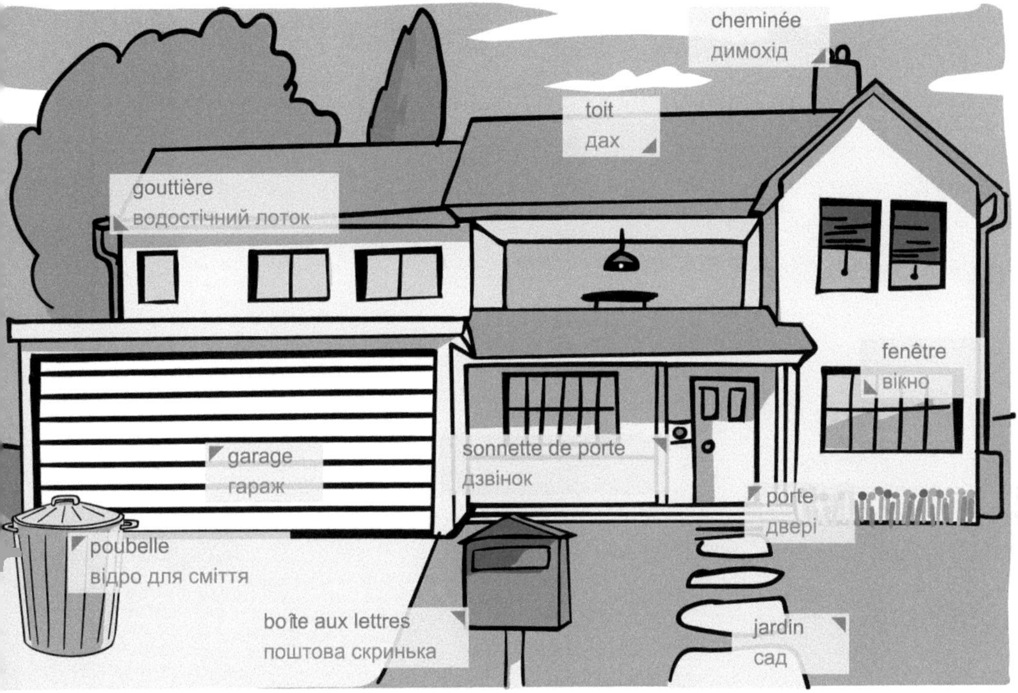

- cheminée — димохід
- toit — дах
- gouttière — водостічний лоток
- fenêtre — вікно
- garage — гараж
- sonnette de porte — дзвінок
- porte — двері
- poubelle — відро для сміття
- boîte aux lettres — поштова скринька
- jardin — сад

salle de séjour
вітальня

salle de bains
ванна кімната

cuisine
кухня

chambre à coucher
спальня

chambre d'enfant
дитяча кімната

salle à manger
їдальня

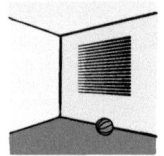
plancher
підлога

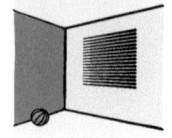
mur
стіна

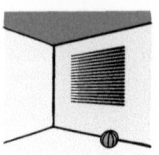
plafond
стеля

cellier
підвал

sauna
сауна

balcon
балкон

terrasse
тераса

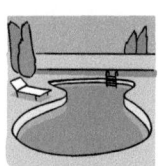
piscine
басейн

tondeuse à gazon
косарка

drap
простирало

jeté de lit
ковдра

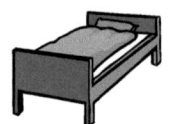
lit
ліжко

balai
мітла

seau
відро

interrupteur
перемикач

maison - дім

salle de séjour
вітальня

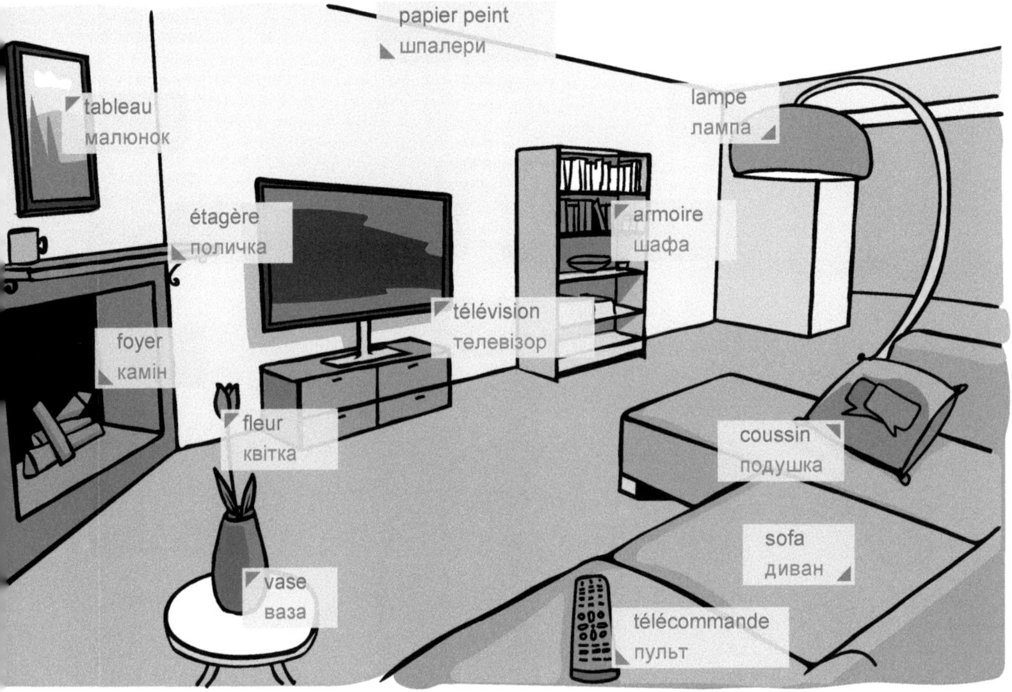

- papier peint / шпалери
- tableau / малюнок
- lampe / лампа
- étagère / поличка
- armoire / шафа
- foyer / камін
- télévision / телевізор
- fleur / квітка
- coussin / подушка
- vase / ваза
- sofa / диван
- télécommande / пульт

tapis
килим

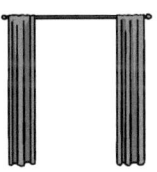

rideau
завіса

table
стіл

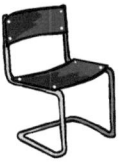

chaise
стілець

berceuse
крісло-гойдалка

fauteuil
крісло

livre
книга

couverte
ковдра

décoration
прикраса

bois de chauffage
дрова

film
фільм

chaîne hi-fi
стереосистема

clé
ключ

journal
газета

peinture
картина

affiche
плакат

radio
радіо

bloc-notes
блокнот

aspirateur
пилосос

cactus
кактус

chandelle
свічка

salle de séjour - вітальня

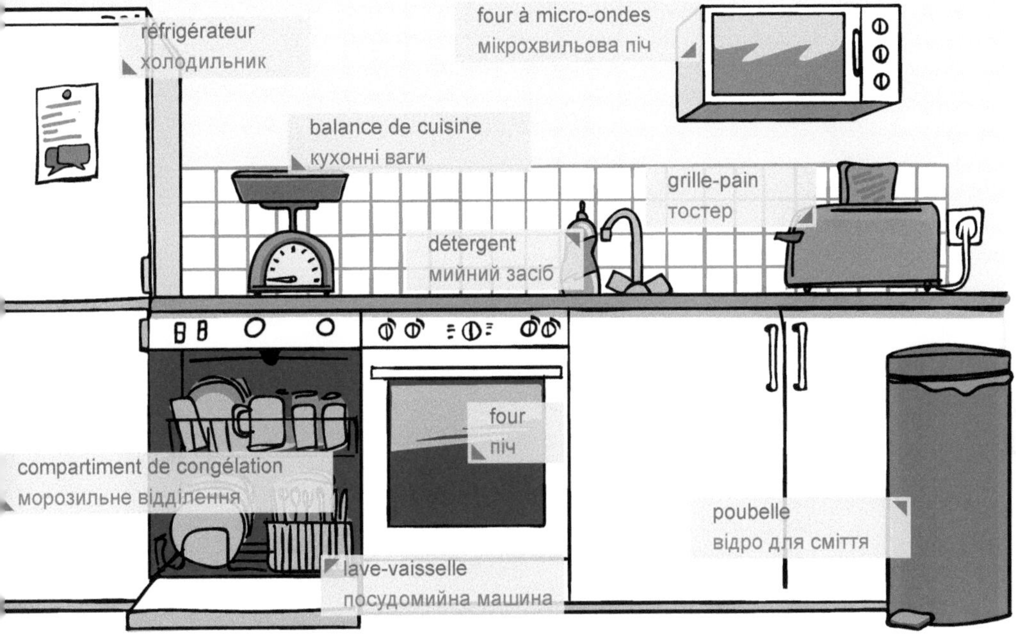

cuisine
кухня

- réfrigérateur / холодильник
- four à micro-ondes / мікрохвильова піч
- balance de cuisine / кухонні ваги
- grille-pain / тостер
- détergent / мийний засіб
- compartiment de congélation / морозильне відділення
- four / піч
- poubelle / відро для сміття
- lave-vaisselle / посудомийна машина

cuisinière
плита

marmite
горщик

cocotte en fonte
чавунний горщик

wok / kadai
вок / кадай

poêle
сковорода

bouilloire
чайник

cuiseur à vapeur
пароварка

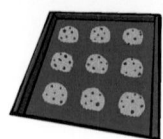

plaque à pâtisserie
лист

vaisselle
посуд

grande tasse
кухоль

bol
чаша

baguettes
палички для їжі

louche
черпак

spatule
лопатка

fouet
вінчик для збивання

passoire
сито

tamis
сито

râpe
терка

mortier
ступка

barbecue
барбекю

foyer
багаття

planche à découper

дошка

rouleau à pâtisserie

качалка

tire-bouchon

штопор

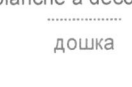

boîte à conserves

консерва

ouvre-boîte

відкривачка

mitaine de four

прихватки

évier

раковина

brosse

щітка

éponge

губка

mélangeur

міксер

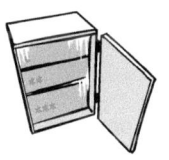

congélateur

морозильна камера

biberon

дитяча пляшка

robinet

кран

cuisine - кухня

salle de bains
ванна кімната

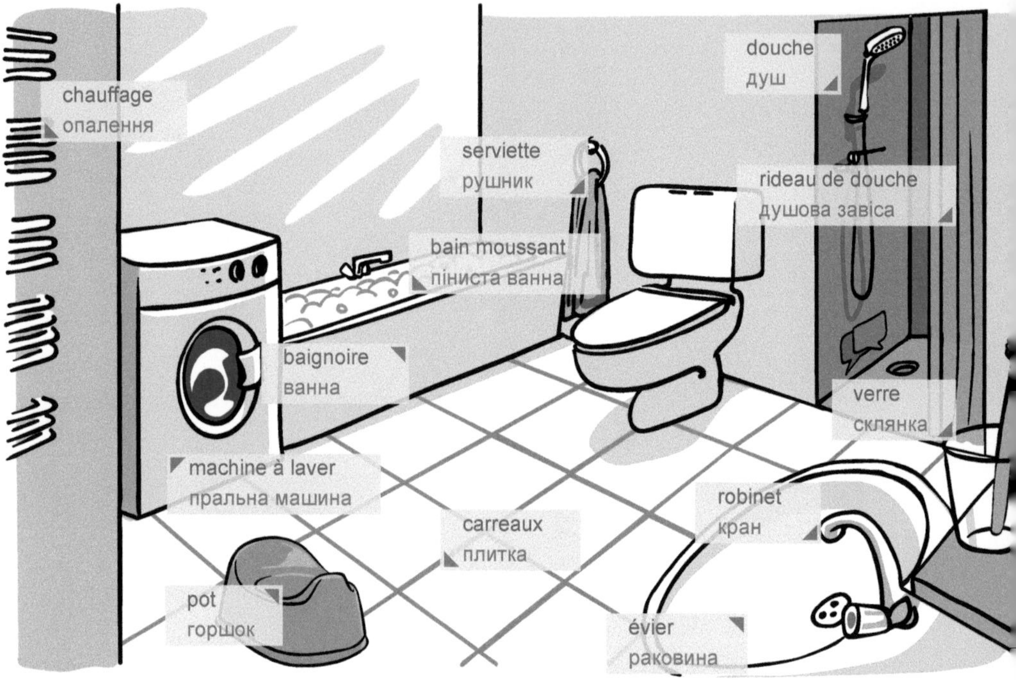

chauffage
опалення

douche
душ

serviette
рушник

rideau de douche
душова завіса

bain moussant
пінистa ваннa

baignoire
ванна

verre
склянка

machine à laver
пральна машина

robinet
кран

carreaux
плитка

pot
горшок

évier
раковина

toilette

туалет

toilette turque

підлоговий туалет

bidet

біде

urinoir

пісуар

papier hygiénique

туалетний папір

brosse à toilette

щітка для туалету

brosse à dents
зубна щітка

dentifrice
зубна паста

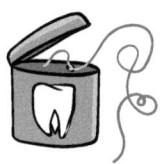
soie dentaire
нитка для чищення зубів

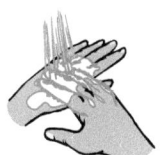
laver
мити

douchette
ручний душ

douche vaginale
інтимний душ

cuvette
таз

brosse pour le dos
щітка для спини

savon
мило

gel douche
гель для душу

shampoing
шампунь

débarbouillette
мочалка

drain
водостік

crème
крем

déodorant
дезодорант

salle de bains - ванна кімната

miroir	miroir à main	rasoir
дзеркало	косметичне дзеркало	бритва

mousse à raser	après-rasage	peigne
піна для гоління	лосьйон після гоління	гребінь

brosse	sèche-cheveux	laque
щітка	фен	лак для волосся

maquillage	rouge à lèvres	vernis à ongles
косметика	губна помада	лак для нігтів

ouate	ciseaux à ongles	parfum
вата	ножиці для нігтів	парфум

salle de bains - ванна кімната

trousse de toilette

косметичка

tabouret

табурет

pèse-personne

ваги

peignoir

халат

gants de caoutchouc

гумові рукавички

tampon

тампон

serviette hygiénique

гігієнічні прокладки

toilette chimique

біотуалет

salle de bains - ванна кімната

chambre d'enfant
дитяча кімната

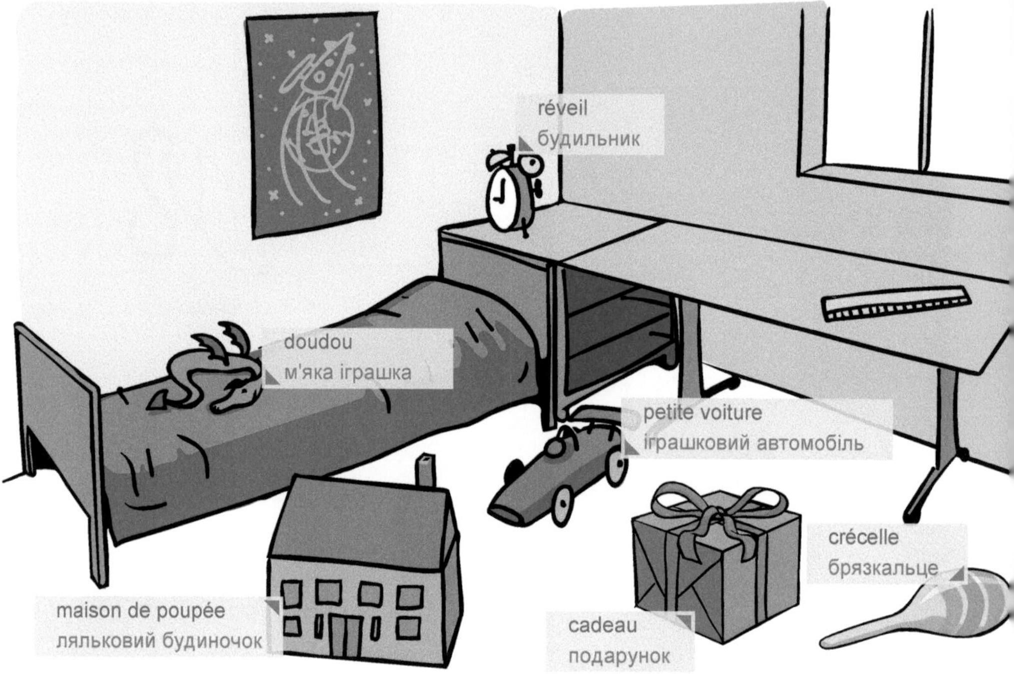

réveil
будильник

doudou
м'яка іграшка

petite voiture
іграшковий автомобіль

crécelle
брязкальце

maison de poupée
ляльковий будиночок

cadeau
подарунок

ballon
повітряна кулька

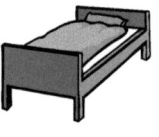

lit
ліжко

landau
дитячий візок

jeu de cartes
картярська гра

casse-tête
пазл

bande dessinée
комікс

blocs LEGO
лего цеглинки

jeu de briques
блоки

figurine articulée
іграшкова фігурка

dormeuse
повзунки

disque volant
фризбі

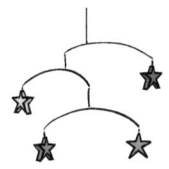
mobile
мобіле

jeu de société
настільна гра

dé
кубик

ensemble de modèles de train
модель залізнична станція

mannequin
соска

fête
вечірка

livre d'images
книжка з картинками

balle
м'яч

poupée
лялька

jouer
грати

chambre d'enfant - дитяча кімната

bac à sable
пісочниця

balançoire
гойдалка

jouets
іграшка

console de jeu vidéo
гральна консоль

tricycle
триколісний велосипед

ours en peluche
плюшевий мішка

garde-robe
шафа

vêtements
одяг

chaussettes
шкарпетки

bas
панчохи

collant
колготки

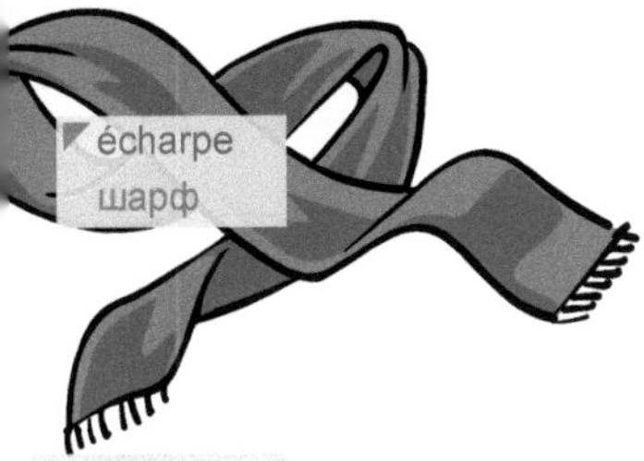

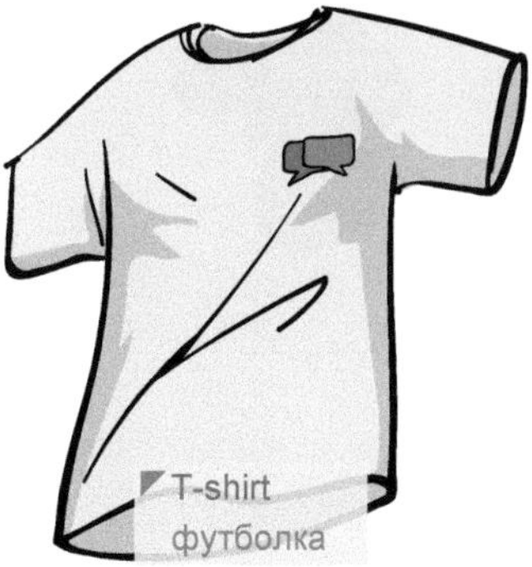

écharpe
шарф

ceinture
ремінь

parapluie
парасоля

T-shirt
футболка

chaussures de sport
кросівки

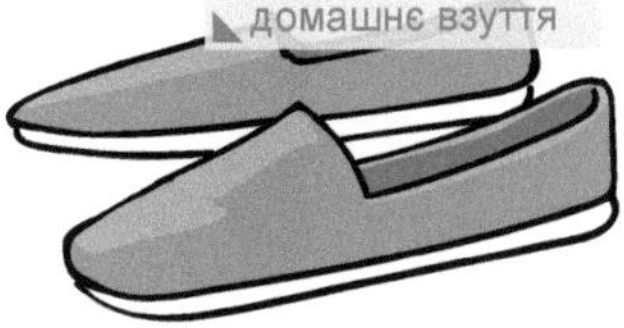

bottes
чоботи

pantoufles
домашнє взуття

sandales
сандалі

souliers
взуття

bottes de caoutchouc
гумові чоботи

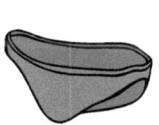

sous-vêtements
труси

soutien-gorge
бюстгальтер

gilet
нижня сорочка

vêtements - одяг

body
боді

pantalon
штани

jean
джинси

jupe
спідниця

chemisier
блузка

chemise
сорочка

chandail
пуловер

chandail à capuche
светр

blazer
піджак

veste
куртка

manteau
пальто

manteau de pluie
дощовик

complet
костюм

robe
сукня

robe de mariée
весільна сукня

tailleur
костюм

chemise de nuit
нічна сорочка

pyjama
піжама

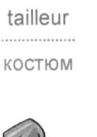
sari
сарі

foulard
головна хустка

turban
чалма

burqa
бурка

cafetan
кафтан

abaya
абая

maillot de bain
купальник

maillot short
плавки

culotte courte
шорти

survêtement
тренувальний костюм

tablier
фартух

mitaines
рукавички

vêtements - одяг

bouton
гудзик

lunettes
окуляри

bracelet
браслет

collier
ланцюг

bague
кільце

boucle d'oreille
сережка

tuque
шапка

cintre
плічка

chapeau
капелюх

cravate
краватка

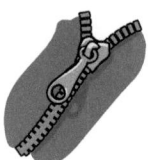

fermeture à glissière
застібка-блискавка

casque
шолом

bretelles
підтяжки

uniforme scolaire
шкільна форма

uniforme
уніформа

vêtements - одяг

bavoir

нагрудник

mannequin

соска

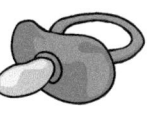

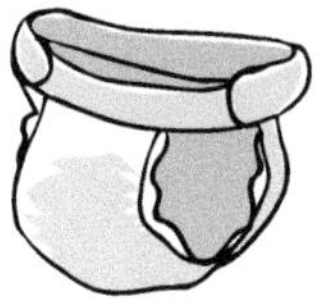

couche

підгузок

bureau
офіс

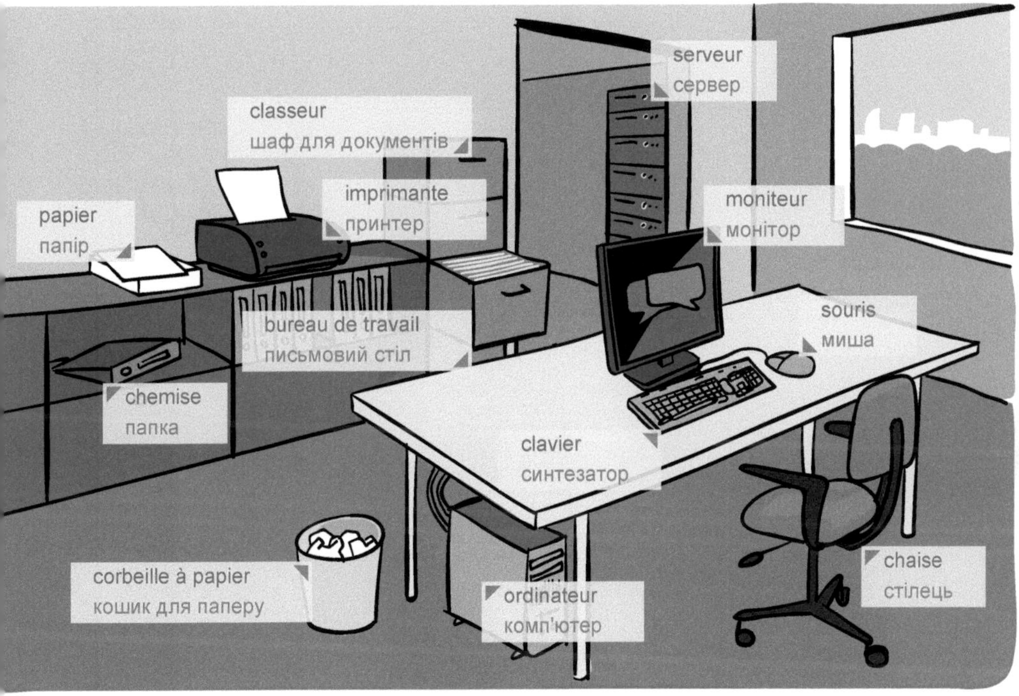

- papier — папір
- classeur — шаф для документів
- imprimante — принтер
- serveur — сервер
- moniteur — монітор
- souris — миша
- bureau de travail — письмовий стіл
- chemise — папка
- clavier — синтезатор
- corbeille à papier — кошик для паперу
- ordinateur — комп'ютер
- chaise — стілець

grande tasse à café

кавовий кухоль

calculatrice

калькулятор

Internet

інтернет

ordinateur portable
ноутбук

lettre
лист

message
повідомлення

téléphone cellulaire
мобільний телефон

réseau
мережа

photocopieur
копіювальний пристрій

logiciel
програмне забезпечення

téléphone
телефон

prise de courant
розетка

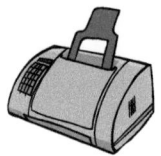
télécopieur
факс

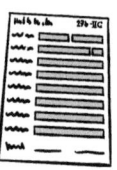
formulaire
бланк

document
документ

bureau - офіс

économie
економіка

acheter
купувати

payer
платити

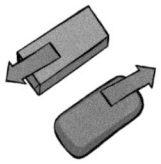
commercer
торгувати

argent
гроші

dollar
долар

euro
євро

yen
ієна

rouble
рубль

franc suisse
франк

renminbi yuan
юанів женьміньбі

roupie
рупія

distributeur de billets
банкомат

bureau de change
обмінний пункт

or
золото

argent
срібло

pétrole
нафта

énergie
енергія

prix
ціна

contrat
контракт

taxe
податок

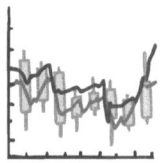
actions
акція

travailler
працювати

employé
працівник

employeur
роботодавець

usine
фабрика

magasin
магазин

économie - економіка

professions
професії

agent de police
поліцейський

pompier
пожежник

cuisinier
повар

docteur
лікар

pilote
пілот

jardinier
садівник

charpentier
столяр

couturier
швачка

juge
суддя

pharmacien
хімік

acteur
актор

chauffeur d'autobus	chauffeur de taxi	pêcheur
водій автобуса	таксист	рибалка

femme de ménage	couvreur	serveur
прибиральниця	покрівельник	офіціант

chasseur	peintre	boulanger
мисливець	художник	пекар

électricien	constructeur de bâtiments	ingénieur
електрик	будівельник	інженер

boucher	plombier	facteur
забійник	бляхар	листоноша

soldat
солдат

architecte
архітектор

caissier
касир

fleuriste
флорист

coiffeur
перукар

chef de train
кондуктор

mécanicien
механік

capitaine
капітан

dentiste
дантист

scientifique
вчений

rabbin
рабин

imam
імам

moine
монах

ecclésiastique
пастор

professions - професії

outils
інструменти

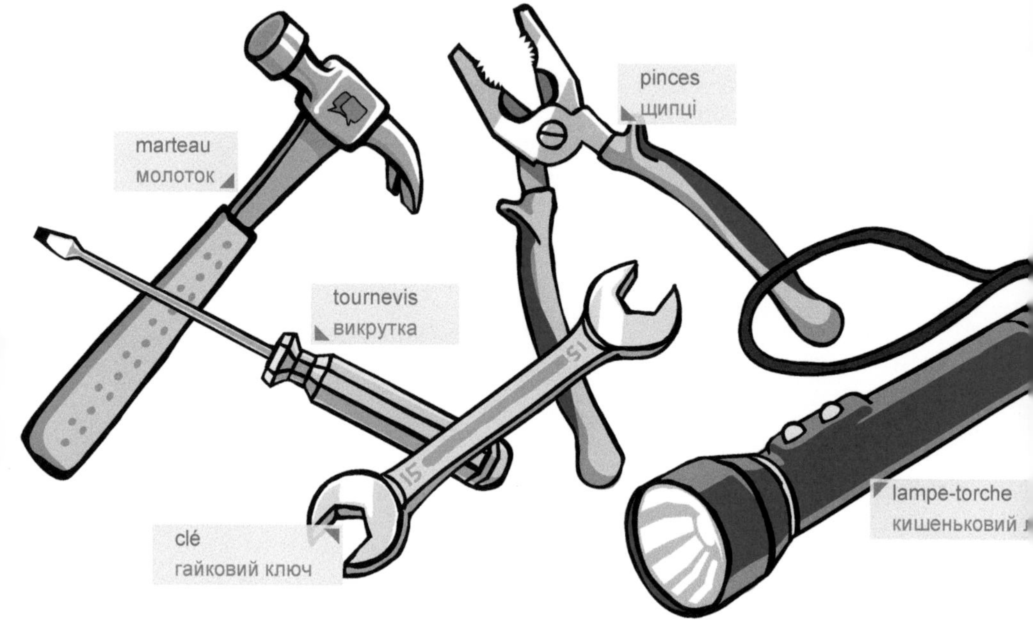

marteau
молоток

pinces
щипці

tournevis
викрутка

clé
гайковий ключ

lampe-torche
кишеньковий

excavatrice
екскаватор

boîte à outils
ящик для інструментів

échelle
драбина

scie
пилка

clous
цвяхи

perceuse
свердло

réparer
ремонтувати

pelle
лопата

tabarnouche
лайно!

pelle à poussière
совок

pot de peinture
відро з фарбою

vis
гвинти

instruments de musique
музичні інструменти

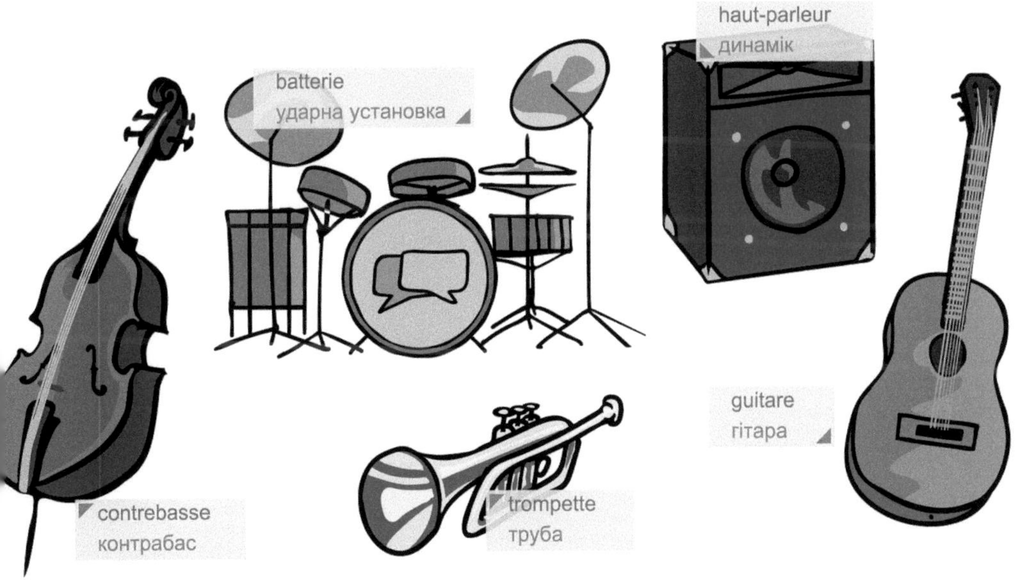

haut-parleur
динамік

batterie
ударна установка

guitare
гітара

contrebasse
контрабас

trompette
труба

piano	violon	basse
фортепіано	скрипка	бас

timbales	tambour	synthétiseur
литаври	барабан	клавіатура

saxophone	flûte	microphone
саксофон	флейта	мікрофон

instruments de musique - музичні інструменти

zoo
зоопарк

- tigre / тигр
- cage / клітка
- zèbre / зебра
- nourriture pour animaux / корм
- entrée / вхід
- panda / панда

animaux
тварини

éléphant
слон

kangourou
кенгуру

rhinocéros
носоріг

gorille
горила

ours
ведмідь

chameau
верблюд

autruche
страус

lion
лев

singe
мавпа

flamand rose
фламінго

perroquet
папуга

ours polaire
білий ведмідь

pingouin
пінгвін

requin
акула

paon
павич

serpent
змія

crocodile
крокодил

gardien de zoo
працівник зоопарку

phoque
тюлень

jaguar
ягуар

zoo - зоопарк

poney
поні

léopard
леопард

hippopotame
гіпопотам

girafe
жираф

aigle
орел

sanglier
кабан

poisson
риба

tortue
черепаха

morse
морж

renard
лисиця

gazelle
газель

sports
спорт

activités
дії

écrire	dessiner	montrer
писати	малювати	показувати
pousser	donner	prendre
тиснути	давати	брати

avoir
мати

faire
робити

être
бути

être debout
стояти

courir
бігати

tirer
тягнути

jeter
кидати

tomber
падати

s'allonger
лежати

attendre
очікувати

porter
носити

s'asseoir
сидіти

s'habiller
одягати

dormir
спати

se réveiller
просипатися

activités - дії

regarder
дивитися

pleurer
плакати

caresser
гладити

peigner
розчісувати

parler
розмовляти

comprendre
розуміти

demander
питати

écouter
слухати

boire
пити

manger
їсти

ranger
прибирати

aimer
любити

cuisiner
варити

conduire
їхати

voler
літати

activités - дії

faire de la voile
йти під вітрилом

calculer
рахувати

lire
читати

apprendre
вчитися

travailler
працювати

se marier
одружуватися

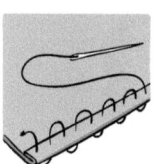
coudre
шити

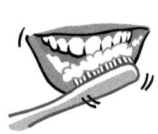
brosser les dents
чистити зуби

tuer
убивати

fumer
курити

envoyer
посилати

famille
сім'я

grand-mère — бабуся
grand-père — дідуся
père — батько
mère — мати
bébé — немовля
fille — донька
fils — син

invité

гість

tante

тітка

oncle

дядько

frère

брат

sœur

сестра

famille - сім'я

corps
тіло

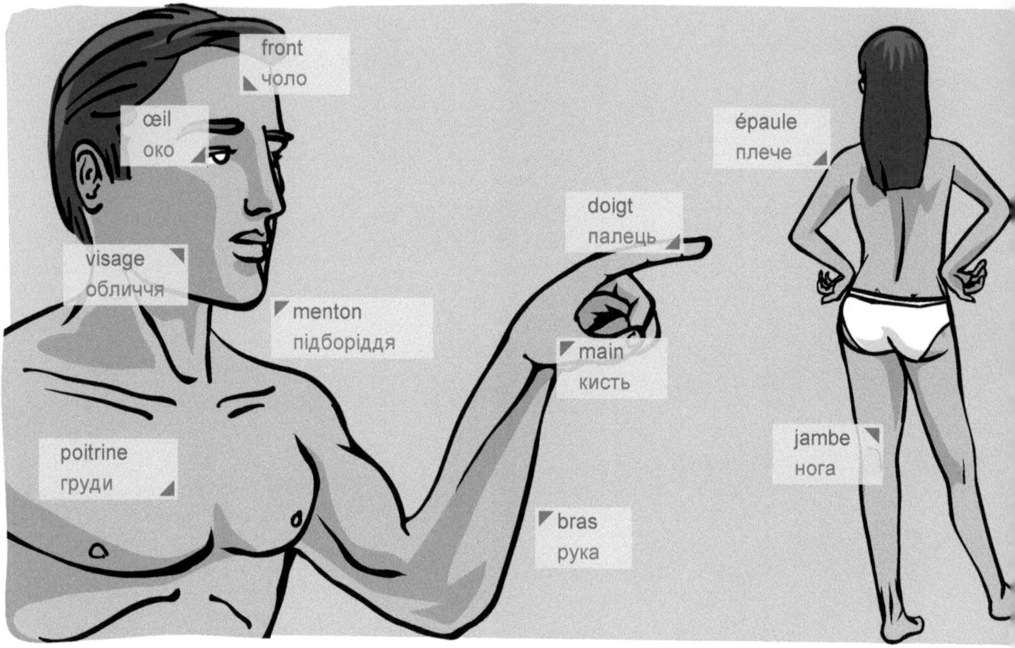

front
чоло

œil
око

visage
обличчя

menton
підборіддя

poitrine
груди

doigt
палець

main
кисть

bras
рука

épaule
плече

jambe
нога

bébé
немовля

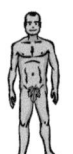

homme
чоловік

femme
жінка

fille
дівчина

garçon
хлопчик

tête
голова

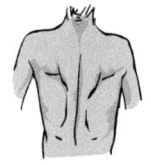
dos
спина

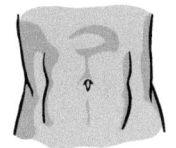
ventre
живіт

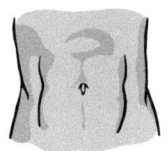
nombril
пуп

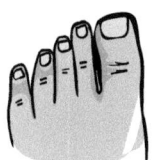
orteil
палець ноги

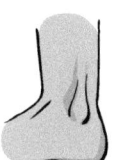
talon
п'ята

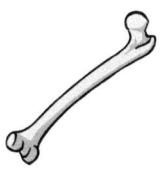
os
кістка

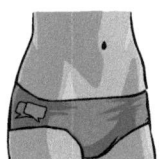
hanche
стегно

genou
коліно

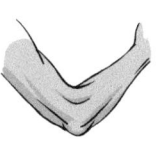
coude
лікоть

nez
ніс

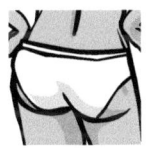
derrière
сідниці

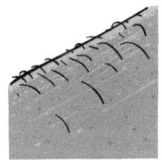
peau
шкіра

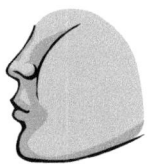
joue
щока

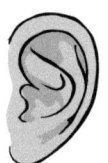
oreille
вухо

lèvre
губа

corps - тіло

bouche
рот

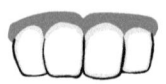

dent
зуб

langue
язик

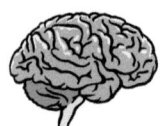

cerveau
мозок

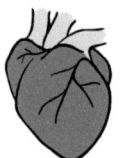

cœur
серце

muscle
м'яз

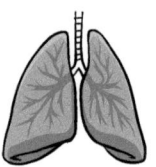

poumon
легені

foie
печінка

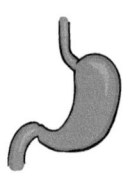

estomac
шлунок

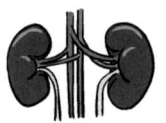

reins
нирки

rapport sexuel
статевий акт

condom
презерватив

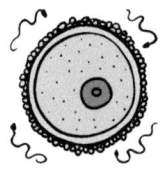

ovule
яйцеклітина

sperme
сперма

grossesse
вагітність

corps - тіло

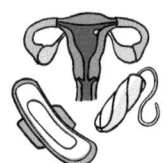
menstruation
менструація

vagin
вагіна

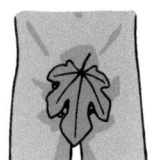
pénis
пеніс

sourcil
брова

cheveux
волосся

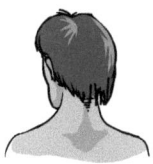
cou
шия

corps - тіло

hôpital
лікарня

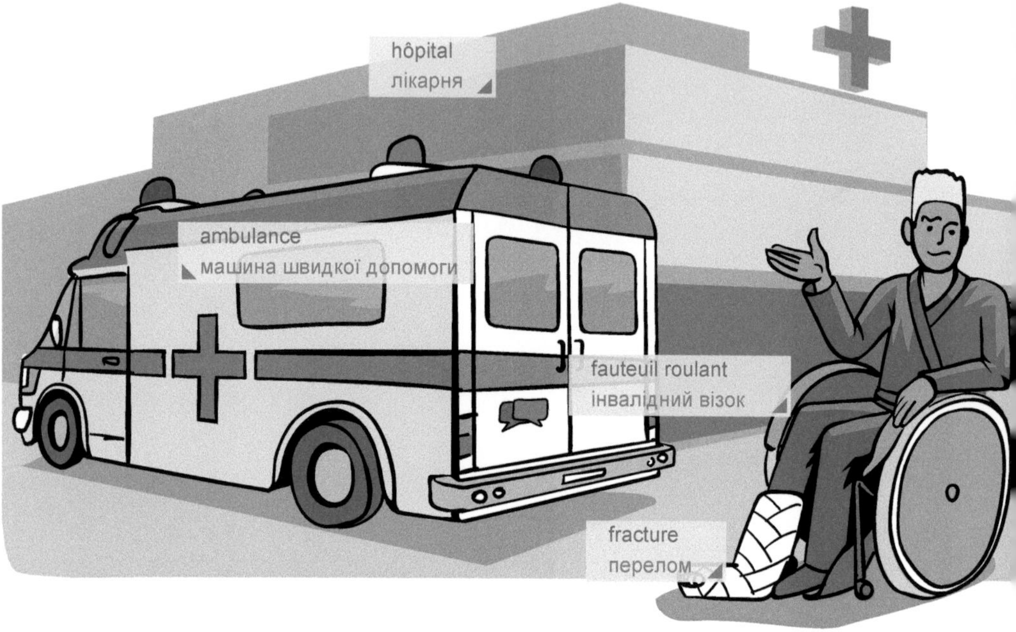

hôpital
лікарня

ambulance
машина швидкої допомоги

fauteuil roulant
інвалідний візок

fracture
перелом

docteur
лікар

salle des urgences
відділення швидкої медичної допомоги

infirmier
медсестра

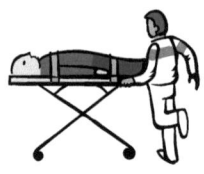

urgence
аварійний випадок

inconscient
непритомний

douleur
біль

blessure
травма

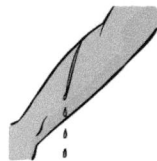

saignement
кровотеча

crise cardiaque
інфаркт

AVC
інсульт

allergie
алергія

toux
кашель

fièvre
лихоманка

grippe
грип

diarrhée
пронос

mal de tête
головна біль

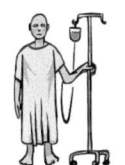

cancer
рак

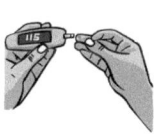

diabète
діабет

chirurgien
хірург

scalpel
скальпель

opération
операція

hôpital - лікарня

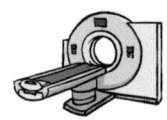
tomodensitométrie
КТ

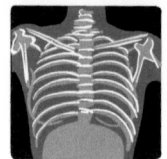
radiographie
рентген

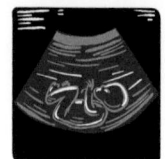
ultrason
ультразвук

masque
маска

maladie
хвороба

salle d'attente
зал очікування

béquille
милиця

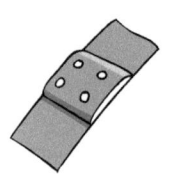
sparadrap
пластир

bandage
пов'язка

injection
ін'єкція

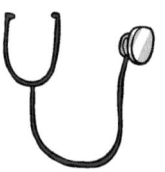
stéthoscope
стетоскоп

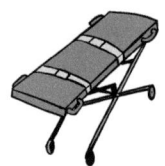
brancard
ноші

thermomètre médical
термометр

accouchement
народження

excès de poids
надмірна вага

hôpital - лікарня

appareil auditif
слуховий апарат

désinfectant
дезінфікуючий засіб

infection
інфекція

virus
вірус

VIH / Sida
ВІЛ / СНІД

médicament
медицина

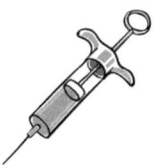
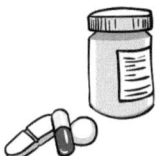

vaccination
вакцинація

comprimés
таблетки

pilule
протизаплідна пігулка

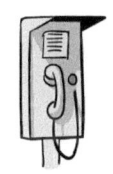

appel d'urgence
екстрений виклик

tensiomètre
тонометр

malade / en bonne santé
хворий / здоровий

hôpital - лікарня

urgence
аварійний випадок

Au secours ! Допоможіть!	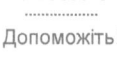 alarme сигнал тривоги	 assaut напад
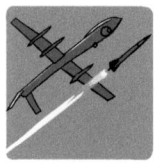 attaque атака	 danger небезпека	 sortie de secours аварійний вихід
 Au feu ! Вогонь!	 extincteur вогнегасник	 accident аварія
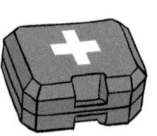 trousse de premiers soins аптечка	 SOS СОС	 police поліція

Terre
Земля

Europe
Європа

Amérique du Nord
Північна Америка

Amérique du Sud
Південна Америка

Afrique
Африка

Asie
Азія

Australie
Австралія

océan Atlantique
Атлантика

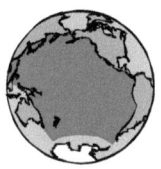
océan Pacifique
Тихий океан

océan Indien
Індійський океан

océan Antarctique
Антарктичний океан

océan Arctique
Північний Льодовитий океан

Pôle Nord
Північний полюс

Pôle Sud
Південний полюс

Antarctique
Антарктика

Terre
Земля

terre
суша

mer
море

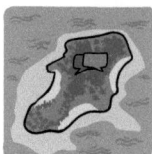
île
острів

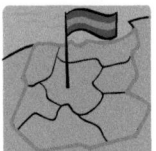
nation
нація

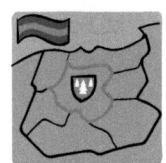
État
держава

heure
годинник

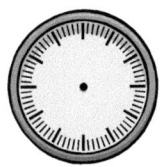

cadran

циферблат

aiguille des heures

годинникова стрілка

aiguille des minutes

хвилинна стрілка

aiguille des secondes

секундна стрілка

Quelle heure est-il ?

Котра година?

jour

день

temps

час

maintenant

зараз

montre à affichage numérique

цифровий годинник

minute

хвилина

heure

година

semaine
тиждень

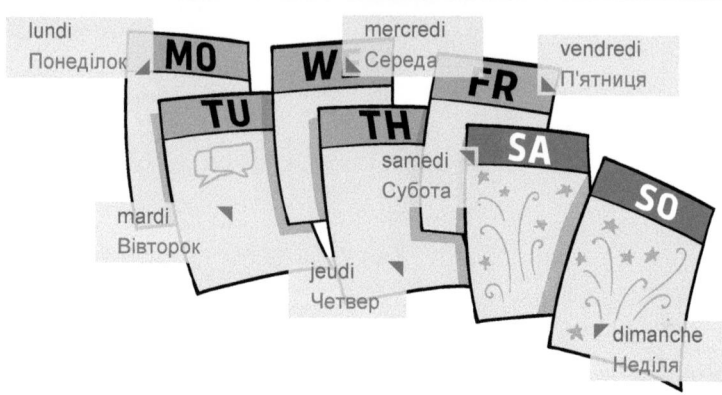

lundi / Понеділок
mardi / Вівторок
mercredi / Середа
jeudi / Четвер
vendredi / П'ятниця
samedi / Субота
dimanche / Неділя

hier
вчора

aujourd'hui
сьогодні

demain
завтра

matin
ранок

midi
опівдні

soir
вечір

jours ouvrables
робочі дні

fin de semaine
кінець робочого тижня

année
рік

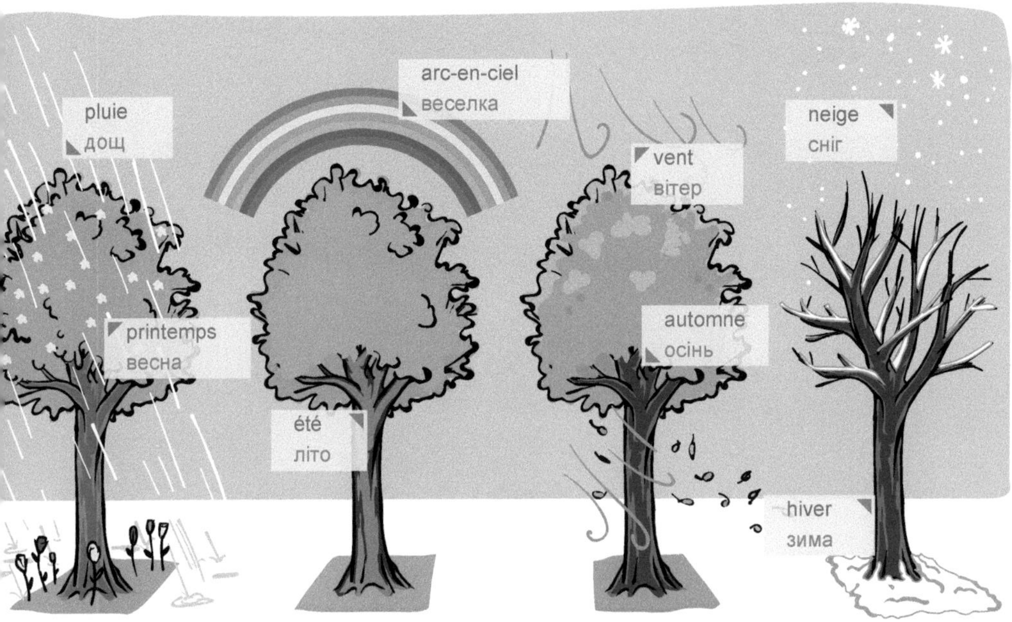

arc-en-ciel
веселка
pluie
дощ
neige
сніг
vent
вітер
printemps
весна
automne
осінь
été
літо
hiver
зима

4.APRIL 11°
5.APRIL 4°
6.APRIL 13°
7.APRIL 8°
8.APRIL 10°

évisions météorologiques

прогноз погоди

F
C
120
90
60
30
0
-30
40
30
20
10
0
-10
-20

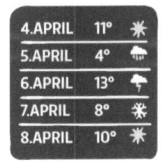

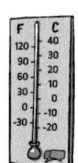

thermomètre

термометр

rayons du soleil

сонячне світло

nuage

хмара

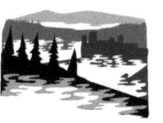

brouillard

туман

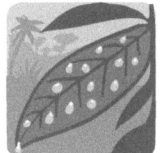

humidité

вологість повітря

foudre
блискавка

tonnerre
грім

tempête
шторм

grêle
град

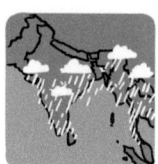

mousson
мусон

inondation
повінь

glace
лід

janvier
Січень

février
Лютий

mars
Березень

avril
Квітень

mai
Травень

juin
Червень

juillet
Липень

août
Серпень

année - рік

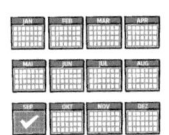
septembre
Вересень

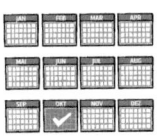
octobre
Жовтень

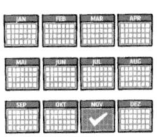
novembre
Листопад

décembre
Грудень

formes
форми

cercle
круг

carré
квадрат

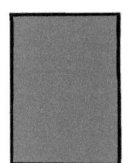
rectangle
прямокутник

triangle
трикутник

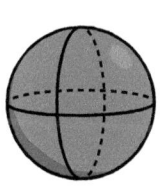
sphère
куля

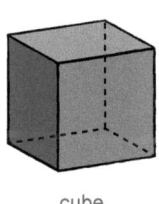
cube
куб

couleurs
фарби

blanc
білий

jaune
жовтий

orange
помаранчевий

rose
рожевий

rouge
червоний

violet
фіолетовий

bleu
синій

vert
зелений

marron
коричневий

gris
сірий

noir
чорний

opposés
протилежності

beaucoup / un peu

багато / мало

en colère / calme

лютий / мирний

beau / laid

гарний / бридкий

début / fin

початок / кінець

grand / petit

великий / малий

lumineux / sombre

світлий / темний

frère / sœur

брат / сестра

propre / sale

чистий / брудний

complet / incomplet

завершений / незавершений

jour / nuit

день / ніч

mort / vivant

мертвий / живий

large / étroit

широкий / вузький

comestible / non comestible

їстівний / неїстівний

méchant / gentil

злий / дружній

être enthousiaste / s'ennuyer

збуджений / нудьгуючий

gros / mince

товстий / тонкий

premier / dernier

спочатку / востаннє

ami / ennemi

друг / ворог

plein / vide

повний / порожній

dur / mou

жорсткий / м'який

lourd / léger

важкий / легкий

faim / soif

голод / спрага

malade / en bonne santé

хворий / здоровий

illégal / légal

незаконний / законний

intelligent / stupide

розумний / дурний

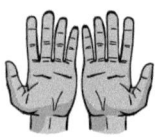

gauche / droite

вліво / вправо

proche / loin

поруч / далеко

neuf / usagé
новий / використаний

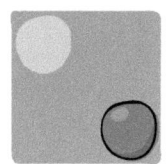
rien / quelque chose
нічого / щось

vieux / jeune
старий / молодий

marche / arrêt
вкл / викл

ouvert / fermé
відкрито / закрито

calme / bruyant
тихо / гучно

riche / pauvre
багатий / бідний

correct / incorrect
правильно / неправильно

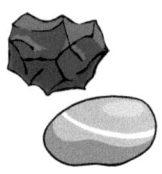
rugueux / lisse
шорсткий / гладкий

triste / heureux
сумний / щасливий

court / long
короткий / довгий

lent / rapide
повільно / швидко

mouillé / sec
вологий / сухий

chaud / froid
гарячий / холодний

guerre / paix
війна / мир

opposés - протилежності

nombres
числа

0 zéro — нуль

1 un — один

2 deux — два

3 trois — три

4 quatre — чотири

5 cinq — п'ять

6 six — шість

7 sept — сім

8 huit — вісім

9 neuf — дев'ять

10 dix — десять

11 onze — одинадцять

12 douze
дванадцять

13 treize
тринадцять

14 quatorze
чотирнадцять

15 quinze
п'ятнадцять

16 seize
шістнадцять

17 dix-sept
сімнадцять

18 dix-huit
вісімнадцять

19 dix-neuf
дев'ятнадцять

20 vingt
двадцять

100 cent
сто

1.000 mille
тисяча

1.000.000 million
мільйон

nombres - числа

langues
мови

anglais

англійська

anglais américain

американська англійська

chinois mandarin

китайська високочиновницька

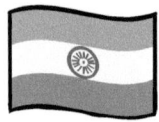

hindi

хінді

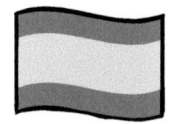

espagnol

іспанська

français

французька

arabe

арабська

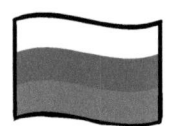

russe

російська

portugais

португальська

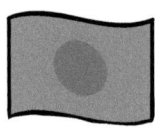

bengali

бенгальська

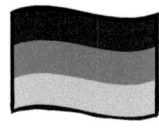

allemand

німецька

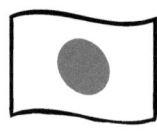

japonais

японська

qui / quoi / comment
хто / що / як

je
я

tu
ти

il / elle / ce, c', cela
він / вона / воно

nous
ми

vous
ви

ils / elles
вони

qui ?
хто?

quoi ?
що?

comment ?
як?

où ?
де?

quand ?
коли?

nom
ім'я

où
де

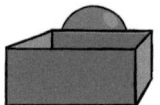

derrière

ззаду

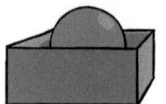

dans

в

devant

перед

au-dessus

над

sur

на

en dessous

під

à côté de

біля

entre

між

endroit

місце